In die Old Town: Rundgang 1

Ausgangspunkt ist am Fuß von **The Mound (S. 4–5)**. Von hier gehen Sie hinauf zum Edinburgh Castle über Mound Place und Ramsay Lane bis Sie zur Castle Esplanade kommen.

Nach einem Besuch von **Edinburgh Castle (S. 6–7)** gehen Sie Castlehill und **Lawnmarket (S. 8)** hin- auf und dann die Treppe bei Upper Bow bis zum **Grassmarket (S. 9)** hinunter.

Über die Candlemaker Row kommen Sie zum **Greyfriars Kirkyard (S. 10–11)** und zum Museum in der Chambers Street. Gehen Sie links über South Bridge zurück zur Royal Mile und nach rechts zu den historischen Gebäuden in High Street und **Canongate (S. 12–13)** auf dem Weg nach Holyrood (S. 14–15), wo Sie house und das schottische Parlament finden werden. Nach einem Abstecher zu den Salisbury Crags im **Holyrood Park (S. 16)**, gehen Sie über die Holyrood Road entweder rechts in die St. Mary's Street oder links in die Royal Mile zu Parliament Square und **St. Giles' Cathedral (S. 17)**. Über St. Giles Street und North Bank Street kommen Sie dann wieder zurück zu The Mound.

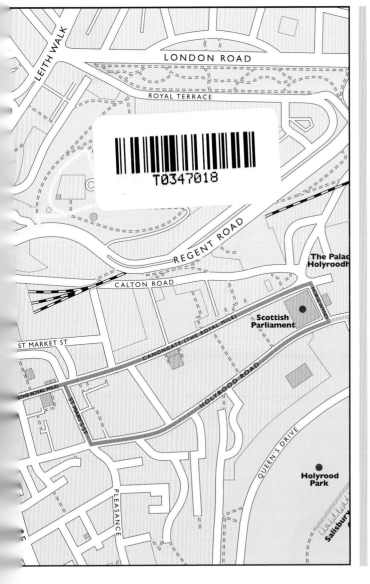

Spaziergang in New Town: Rundgang 2

Ausgangspunkt ist das Scott Monument in **Princes Street (S. 20–21)**. Durch die West Princes Street Gardens gehen Sie hinauf zur Frederick Street und über die George Street zum **Charlotte Square (S. 22)**.

Dann weiter über Charlotte Street und Forres Street zu **Moray Place und Royal Circus (S. 23)**. Bevor Sie wieder zu **Queen Street und St Andrew Square (S. 24)** hinaufgehen, lohnt sich ein kurzer Abstecher nach **Stockbridge (S. 26)** und dem Water of Leith entlang zum Royal Botanic Garden. Sie können aber auch den Gratisbus von der Scottish National Portrait Gallery in der Queen Street zum **Dean Village (S. 25)** nehmen. Eine dritte Möglichkeit ist ein Spaziergang vom St. Andrew Square über Waterloo Place hinauf zum **Calton Hill (S. 27)**, bevor Sie wieder zur Princes Street und zu Ihrem Ausgangspunkt zurückkehren.

Willkommen

Edinburgh – eine Stadt, die von einer turbulenten Geschichte und außergewöhnlichen Persönlichkeiten geprägt wurde – vereint alles in sich: eine herrliche Lage, historische Bauten und schottische Kultur, die sich mit dem Charme einer Großstadt des 21. Jahrhunderts so verschmelzen, dass Besucher immer wieder hierher zurückkehren. Bei den Klängen des Dudelsacks und dem Anblick der Royal Mile in der Old Town, die vom Gemäuer der Burg überragt wird, fühlt man sich direkt in die Vergangenheit versetzt. Ganz andere Akzente setzt die Neustadt, mit ihren

Bauten aus dem 18. Jh., den hübschen Läden und Cafés, Kunstgalerien und Gärten. Auch die Edinburgher Festspiele machen diese Stätte der Geschichte und Kultur, der Unterhaltung und Künste zu einem der beliebtesten Treffpunkten der Welt.

Blick vom Edinburgh Castle

Ein historischer Überblick

Das Vulkangestein, auf dem sich Edinburgh Castle erhebt, trug seit der Bronzezeit eine Befestigung. Die praktisch uneinnehmbare Burg auf dem Hügel war der Schlüssel zur Beherrschung des Gebiets, das Mitte des 7. Jh. schließlich von den Northumbriern besetzt wurde, die der Burg den Namen Edinburgh gaben. 1070 wurde sie zum Sitz von König Malcolm III. und aller nachfolgenden Monarchen. Malcolms Sohn David I. gründete 1128 am Fuß der felsigen Anhöhe Holyrood Abbey. Im nachfolgenden Unabhängigkeitskrieg gab es zahlreiche Kämpfe mit den Engländern. Eduard I., der „Hammer der Schotten", plünderte 1296 die Burg, doch bei einem Gegenangriff trug der Schottenkönig Robert The Bruce 1313 wieder den Sieg davon.

Im 15. Jh. wurde die schottische Hauptstadt nach Edinburgh verlegt. Zu Beginn des 16. Jh. war Holyrood Lieblingssitz der schottischen Königsfamilie, und dort spielte sich im selben Jahrhundert dann auch das Drama von Maria Stuart ab. Der Erlass der Unionsgesetze von 1707 hatte die Auflösung des schottischen Parlaments zur Folge und nach Unterdrückung des Zweiten Jakobiten- aufstands von 1746 begann für Edinburgh eine Zeit des Friedens, in der Dichter, Denker und Wissenschaftler einen fruchtbaren Boden fanden.

Die Übervölkerung der heutigen Old Town war im Lauf der Zeit zu einem dringenden Problem geworden und so begann man 1767 mit dem Bau der New Town nach den Plänen des Architekten James Craig. Die 1947 begründeten Edinburgher Festspiele sind eine Schöpfung des 20. Jh., ebenso das berühmte Museum of Scotland, das hier 1998 seine Tore öffnete. 1999 erhielt Schottland wieder ein eigenes Parlament und das baulich recht umstrittene neue Parlamentsgebäude, das 2004 eröffnet wurde.

Le Mound

Am Fuß von The Mound steht man direkt zwischen Altem und Neuem. Bis zur Mitte des 18. Jh. lebten und arbei-teten alle in der Old Town, einem Gewirr enger Gassen, überragt von den dichtgedrängten Reihen der Mietshäuser. Es ist kaum zu glauben, dass die wunderschönen Princes Street Gardens ehemals ein stinkender Mo-rast, Nor'Loch genannt, waren, wo alle ihren Müll wegwarfen. 1759 wurde der Sumpf trockengelegt und für den Bau der New Town mit dem Erdreich vom Unterbau der Princes Street aufgefüllt.

Sir Henry Raeburn „Skating on Duddingston Loch"

National Gallery of Scotland

Zwei Galerien von Weltformat säumen eine imposante Piazza mit Blick auf die Princes Street Gardens. Die hervorragende Kunstsammlung der National Gallery ist auf kleine Räume verteilt, so dass einem die Wahl nicht schwer fällt, was man sehen möchte. Von den italienischen Meistern des 16. Jh. im ersten Stockwerk bis hin zu den französischen Impressionisten und Antonio Canovas *Drei Grazien* gibt es viel zu sehen. Hin und wieder wird auch die Sammlung der zarten Turner-Aquarelle gezeigt.

Royal Scottish Academy

Die Royal Scottish Academy, die genau wie die National Gallery von William Playfair entworfen wurde, zeigt regelmäßig Gemäldeaus-stellungen.

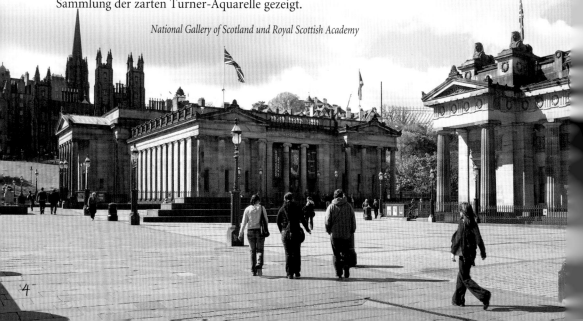

National Gallery of Scotland und Royal Scottish Academy

Castle Rock

Castle Rock ist ein längst erloschener Vulkan, der über Jahrmillionen hin zu sogenannten Crag-and-Tail-Strukturen gebildet wurde. Während verschiedener Eiszeiten wurde gefrorenes Wasser um den harten Kegel – den Crag – gepresst, so dass am Ort der heutigen Princes Street Gardens Täler entstanden und gegen Osten hin (Royal Mile und Old Town) ein „Tail" (Schweif) von weicherem Sedimentärgestein gebildet wurde.

Ramsay Garden

Wenn Sie beim Verschnaufen auf dem Hügel den Blick auf den Firth of Forth richten, sehen Sie Ramsay Gardens, eine Gruppe rot-weißer Wohnhäuser, die in den 1890er Jahren von dem weltoffenen Städteplaner Sir Patrick Geddes erbaut wurden und nach dem Dichter Allan Ramsay (1686–1758) benannt sind.

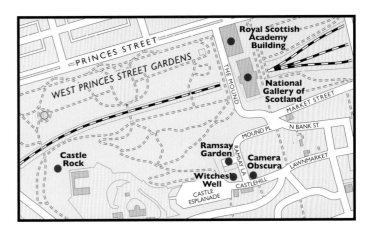

Weiße oder schwarze Magie?

Die Tafel an einem Wandbrunnen auf dem Castle Hill erinnert an 300 Frauen, die hier als Hexen verbrannt wurden. Schlange und Fingerhut symbolisieren die zwiespältige Natur der Hexerei.

Camera Obscura und St. Giles' Cathedral (s. Seite 17)

Camera Obscura

Das System ist zwar nicht neu, aber man sieht doch wesentlich mehr als nur eine Reihe projizierter Stadtansichten. Sie können auf dem Dach durch Teleskope blicken und eine Galerie voller Illusionen, Hologramme und dreidimensionaler Stadtansichten bewundern. Die erste Camera Obscura wurde hier 1853 im „Outlook Tower" installiert.

Edinburgh Castle

„*Nemo Me Impune Lacessit*" (was soviel wie „Niemand greift mich ungestraft an" bedeutet) steht über dem Pförtnerhaus zu dieser uneinnehmbaren Burg. Diese Worte sind ein Hinweis darauf, dass das Schloss über Jahrhunderte hin im Zentrum bitterer Kämpfe stand. Der letzte Angriff erfolgte 1745, als Charles Edward Stuart, „der hübsche Prinz Charlie", erfolglos versuchte, die schottische Krone wieder für sich zu gewinnen.

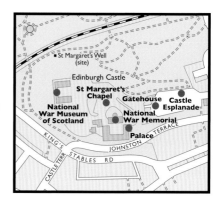

Castle Esplanade und Gatehouse

Hier ist der Paradeplatz, wo alljährlich die Abendparade, Tattoo genannt, stattfindet. Erbaut wurde die Esplanade 1753. Zwei bedeutende Schotten stehen zu beiden Seiten des imposanten Eingangs. Der eine ist William Wallace, der im 13. Jh. den schottischen Widerstand gegen die englische Besetzung anführte, und der andere ist Robert The Bruce, der das Schloss 1313 von den Engländern zurückeroberte und es dann prompt zerstörte, so dass es nicht wieder in die falschen Hände fallen sollte.

Pförtnerhaus

The Palace

Über dem Eingang zum Palast sind die verschlungenen Initialen Maria Stuarts und ihres zweiten Gemahls, Lord Darnleys, zu sehen. Sie können im Palast den winzigen Raum besuchen, in dem Maria ihren Sohn Jakob gebar, den späteren König von Schottland und England. Zum Besichtigen der schottischen Kronjuwelen, „Honours" genannt, zu denen Szepter, Schwert und die mit Edelsteinen besetzte Krone Jakobs V., in die der dünne Armreifen von Robert The Bruce eingelassen ist, und der Stone of Destiny, der Krönungsstein der frühen schottischen Könige gehören, muss man oft ein wenig Schlange stehen.

Mons Meg

Mit dieser riesigen Belagerungskanone konnten Steinkugeln bis zu 2,5 km weit abgeschossen werden. Heute ist die Kanone nur noch ein Ausstellungsstück.

Blitz und Donner

Um genau 13h hört man täglich (Montag bis Samstag) einen lauten Knall. Sie können dem Abschuss des berühmten „Ein-Uhr-Geschützes" vom Artilleriebataillon am Mills Mount im Schlossbezirk zusehen.

Der Palast

Scottish National War Memorial

National War Museum of Scotland

Dieses Museum ist den schottischen Soldaten und ihren Schlachten gewidmet. Sie sehen u.a. rührende Abschiedsbriefe, ein Medaillon mit dem Haar des Soldaten Sir John Moore und *The Thin Red Line*, das berühmte Gemälde von Robert Gibb, das das tapfere Highland Regiment in der Schlacht von Balaklawa zeigt. Anderswo im Schloss erfahren Sie auch mehr über die Scots Dragoon Guards und das Royal Scots Regiment. Das Schloss ist Hauptquartier der 52. Infanteriebrigade. Das den gefallenen Soldaten der beiden Weltkriege gewidmete Kriegerdenkmal ist in der alten Kaserne untergebracht.

St Margaret's Chapel

Diese Kapelle aus dem 12. Jh. wurde von König David I. im Gedenken an seine Mutter, die später heiliggesprochene Königin Margaret, errichtet.

...in-Uhr-Geschütz

Lawnmarket und Grassmarket

Das sind die beiden ersten Abschnitte der Royal Mile, die Edinburgh Castle mit Holyrood Palace verbindet. Die an dieser Stelle recht enge und steile Straße ist das Rückgrat der Old Town. Hier haben Mörder und Monarchen Seite an Seite mit Politikern und reichen Kaufleuten gewohnt. In Grassmarket trieben ehemals Diebe und Leichenräuber ihr Unwesen. Der Unterschied im Straßenniveau zwischen Royal Mile und Grassmarket entstand durch glaziale Erosion.

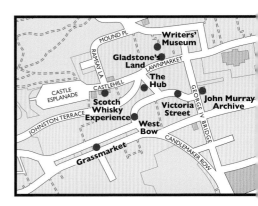

The Scotch Whisky Experience

Mit einem freundlichen Gespenst, einer Fahrt im Fass durch die Geschichte der Whiskyherstellung und einem Gratisschlückchen erfahren Sie alles, was Sie über einen der bekanntesten schottischen Industriezweige wissen sollten. Sie können hier auch alle seltenen Whiskymarken kaufen.

The Writers' Museum

Das Schriftstellermuseum ist in einem restaurierten Stadthaus untergebracht. Es ist dem Leben und Wirken der berühmten Dichter Robert Burns, Robert Louis Stephenson und Sir Walter Scott gewidmet.

Gladstone's Land

Der reiche Thomas Gledstanes wohnte im frühen 17. Jh. in diesem sechsstöckigen Mietshaus. Er baute das Erdgeschoss zu einer Arkadenfront um und bewohnte eines der Stockwerke. Sie können die beiden ersten Stockwerke des restaurierten Gebäudes besuchen.

The Hub

The Hub

Der von Pugin entworfene Turm dieses imposanten Gebäudes zwischen Castlehill und Johnston Terrace zieht sofort den Blick an. Er ist der höchste Turm Edinburgh, der jedoch zu keiner Kirche gehört. Das Gebäude ist heute Nervenzentrum und Kartenbüro der Edinburgher Festspiele.

Der Hexenmeister von West Bow

Major Thomas Weir lebte im 17. Jh. in West Bow. Er führte ein untadeliges Leben, bis er sich plötzlich selbst der Sodomie, des Inzests und der Hexerei bezichtigte. Er war der letzte Mann, der in Edinburgh als Hexenmeister verbrannt wurde und sein Gespenst soll noch heute durch die Straßen der Stadt ziehen.

John Murray Archiv

Diese Brief- und Dokumentensammlung ist in der National Library of Scotland an der George IV Bridge zu sehen. Dichter und Denker wie Jane Austen, Charles Darwin und David Livingstone wurden alle von Murray verlegt. Das Archiv enthält auch Briefe, die Lord Byron an Freunde, Angehörige und seine Geliebten schrieb.

Victoria Street

Victoria Street und West Bow

Heute säumen diese Straße attractive Läden, Restaurants und Cafés, doch früher war diese Gegend Teil des Verbrecherviertels, zu dem der Großteil der Old Town im 19. Jh. geworden war.

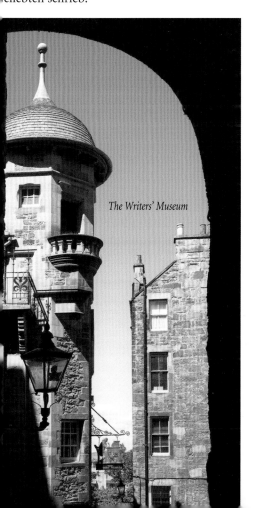

The Writers' Museum

Grassmarket

Grassmarket

Dieser von Bäumen gesäumte Platz war ehemals ein berüchtigter Teil der Stadt, in dem sich Leichenräuber herumtrieben, die ihre Mordopfer zum Sezieren verkauften. An die öffentlichen Hinrichtungen erinnert der Name des Pubs „The Last Drop" (Der letzte Tropfen).

Greyfriars Kirkyard

Persönliche Gegenstände

Unter den im obersten Stock des National Museum of Scotland als Symbole des 20. Jh. ausgestellten Gegenständen ist eine Milchflasche Sean Connerys, denn der James-Bond-Darsteller war ehemals Milchmann gewesen.

Hier lässt sich viel von Edinburghs Geschichte nachvolziehen, denn im Greyfriars Kirkyard sind nicht nur bedeutende Schotten begraben. Die heutigen Besucher erweisen aber vor allem dem kleinen Greyfriars Bobby die letzte Ehre. Im gegenüberliegenden National Museum of Scotland erfahren Sie dann alles über Kultur, Menschen, Brauchtum und Geografie des Landes.

Greyfriars Bobby

Die Geschichte von Bobby, dem getreuen Skye-Terrier, hat schon viele zum Weinen gebracht. Er war der Begleiter des Polizisten John Gray und als dieser 1858 starb und im Kirkyard (Kirchhof) begraben wurde, hielt Bobby 14 Jahre lang am Grab Wache, bis ihn schließlich der eigene Tod ereilte.

Greyfriars Bobby

Greyfriars Kirkyard

Greyfriars Kirkyard

1638 versammelten sich hier die Adeligen, Geistlichen und 5 000 Bürger der Stadt zur Unterzeichnung des National Covenant, mit dem sie sich der Entscheidung Karls I. widersetzten, wonach die schottische Kirche das Gebetbuch und die Bischöfe der anglikanischen Kirche übernehmen sollte. Von den 1 200 Unterzeichnern, die hier 1679 eingekerkert waren, starben viele oder wurden wegen ihres Glaubens hingerichtet. Auch die Brüder Adam, die großartigen Architekten des 18. Jh., und James Craig, der Planer von Edinburghs New Town, sind hier begraben.

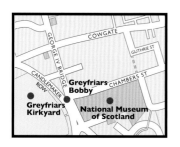

Nachtleben

Werfen Sie beim Gang über die South Bridge zur Royal Mile den Blick nach unten und Sie werden in dem tiefen Taleinschnitt das Cowgate-Viertel sehen. Dieses Stadtviertel mit seinen zahlreichen Clubs und Discos wird erst abends bei Einbruch der Dämmerung lebendig.

Schachfiguren von Lewis

National Museum of Scotland

Das 1998 fertiggestellte, imposante Sandsteingebäude betritt man durch einen abgerundeten Turm. Gleich zu Beginn sehen wir ein Stück von Schottlands ältestem Gestein, den Lewisian Gneiss. Der Edinburgher Bildhauer Eduardo Paolozzi schuf die ungewöhnlichen Bronzefiguren mit eingelassenen Glasvitrinen. Auch Depotfunde sind zu sehen und ebenso die berühmten Schachfiguren von Lewis, die aus dem Elfenbein von Walrossen geschnitzt sind. Andy Goldsworthy, ebenfalls ein Künstler aus Edinburgh, hat eine perfekte Schieferwand geschaffen und das Skelett eines Wals in einem vollkommenen Rund angehäuft. Das elegante viktorianische Museumsgebäude ist der ideale Ort für einen Nachmittagsbesuch, der aber zu einer Uhrzeit erfolgen soll, wenn die faszinierende neugotische Millenniumsuhr in der Haupthalle in Funktion tritt.

Eduardo Paolozzis Bronzefiguren, National Museum of Scotland

Canongate

Sie kommen zur Royal Mile über die South Bridge zurück. Die zwischen 1785 und 1788 über dem als Cowgate benannten Tal erbaute Brücke, gibt Zugang zur Stadt vom Südosten her. Viel ist zu sehen auf diesem Abschnitt der Royal Mile, die zunehmend ruhiger wird, je weiter man den Canongate-Abschnitt in Richtung Holyrood und zum schotti-schen Parlament hinuntergeht.

Storytelling Centre

The Scottish Storytelling Centre und John Knox House

„Geschichten gehen von Auge zu Auge, Hirn zu Hirn und Herz zu Herz" heißt es auf einer Tafel in diesem Haus zur Geschichtenerzählen. Wenn man einen der Wandkästen öffnet und einen Knopf drückt, kann man die schönsten schottischen Erzählungen anhören. Gruppen können sich zum Geschichtenerzählen im Bothy anmelden. Das an das Storytelling Centre anschließende John Knox House ist Edinburghs ältestes Haus, wobei jedoch fraglich ist, ob der Reformator John Knox wirklich veil Zeit darin verbracht hat. Im Storytelling Centre ist auch die George Mackay Brown Library untergebracht.

John Knox House

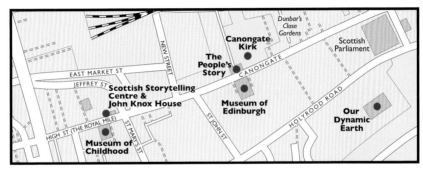

Advocate's Close

Gässchen und Hinterhöfe

Zu beiden Seiten der Royal Mile gibt es schmale Gässchen, von denen einige in Hinterhöfe führen und andere als Durchgänge dienen. Viele von ihnen tragen Inschriften, so z.B. in Paisley Close, wo über einem Bogen das Brustbild eines jungen Mannes mit den Worten: „Heave awa' chaps, I'm no dead yet" („Schaufelt weiter, ich bin noch nicht tot") zu sehen ist. Das soll der Bursche gerufen haben, als das Haus über ihm einstürzte und seine Retter durch die Trümmer buddelten.

Museum of Childhood

In diesem Museum der Kindheit können Sie mit Puppen, Kindergeschirr, Teddybären und Spielzeugbahnen eine nostalgische Reise in Ihre eigene Vergangenheit und die Ihrer Eltern und Großeltern machen. Hier sehen Sie auch, welche Straßenspiele bei den Edinburgher Kindern in den 1950er Jahren beliebt waren. Die Idee zu diesem 1955 eröffneten Museum stammte von Stadtrat Patrick Murray,

Museum of Childhood

der Kinder angeblich gar nicht ausstehen konnte.

The People's Story und Canongate Kirk

In Canongate Tolbooth, das hin und wieder als Gemeindebüro und Gefängnis diente, wird Ihnen die Geschichte der einfachen Menschen der Old Town lebendig vor Augen geführt. Szenische Darstellungen, Aufzeichnungen und Displays veranschaulichen das Leben in den Mietshäusern über zwei Jahrhunderte hin.

Museum of Edinburgh

Zu den Gegenständen des täglichen Gebrauchs im Museum, die Edinburghs Geschichte veranschaulichen, gehören auch Halsband und Futternapf von Greyfriars Bobby.

Our Dynamic Earth

John Hutton, ein Edinburgher Geologe des 18. Jh., setzte als erster einen Maßstab für die Evolution der Erde. Dieses extravagante Gebäude wurde ihm zu Ehren als Millenniumsprojekt errichtet.

Our Dynamic Earth

Holyrood

Hier finden Sie Altes und Neues Seite an Seite. Der Holyroodhouse-Palast, in den sich die königliche Familie zur Zeit Jakobs II. zurückzog, ist dabei das Alte, während das schottische Parlament ganz im Zeichen des 21. Jh. steht.

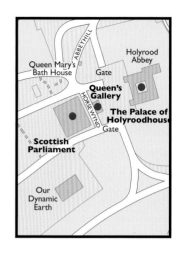

Die tragische Königin

Im Alter von einer Woche wurde sie Königin und mit 17 Witwe. Maria Stuart, heiratete 1565 den selbstsüchtigen Lord Darnley. Ihr Sohn Jakob kam ein Jahr später, kurz vor Darnleys Ermordung, zur Welt. Als sie wenig später den Ear of Bothwell, einen Hauptverdächtigen im Mord Darnleys heiratete, musste sie abdanken und lebte 19 Jahre lang als Gefangene, bevor Elisabeth I. 1587 ihr Todesurteil unterschrieb. Maria war bei ihrem Tod 44 Jahre alt.

The Palace of Holyroodhouse

The Palace of Holyroodhouse Der Holyrood-Palast wurde auf dem Gelände der ehemaligen Holyrood Abbey erbaut, die der Sage nach 1128 von David I. nach einem Jagdunfall gegründet wurde, bei dem sich das Geweih eines angreifenden Hirsches in ein „holy rood" (heiliges Kreuz) verwandelt haben soll und der König den göttlichen Auftrag erhielt, ein Kloster zu bauen. Die königliche Familie übersiedelte von dem oft recht unwirtlichen Schloss in den viel komfortableren Prachtbau, der auch heute noch die offizielle königliche Residenz in Schottland ist. Die Prunkräume sind der Öffentlichkeit zugänglich, desgleichen die älteren, ehemals von Maria Stuart bewohnten Räumlichkeiten. So z.B. eine winzige Kemenate, in der Marias eifersüchtiger Gemahl, Lord Darnley, David Rizzio erstechen ließ, als dieser mit der Königin und ihren Damen beim Kartenspiel saß.

The Palace of Holyroodhouse

The Queen's Gallery

Hier hat man Gelegenheit, Gemälde aus der Königlichen Sammlung in einem Gebäude zu bewundern, das man selbst als Kunstwerk bezeichnen könnte. Das 2002 zum Anlass des Goldenen Jubiläums der englischen Königin eröffnete Gebäude wurde unter Einbeziehung der ehemaligen Holyrood Free Church und der Duchess of Gordon's School erbaut. Der Torbogen ist mit steinernen Blumengirlanden, darunter Rosen und Disteln, geschmückt und die Scharniere der Torflügel sind zu Zweigen geformt, die an heimische Bäume wie Eiche, Kastanie, Goldregen, Eberesche und Weißdorn erinnern. Die Innentüre hat Griffe in Form von Figuren und das Design der geschwungenen Holztreppe ist den menschlichen Beinen nachgebildet.

Tor der Queen's Gallery

Scottish Parliament

Dieses umstrittene Parlamentsgebäude, das vom katalanischen Architekten Enric Miralles entworfen und zu einem Kostenpunkt von £431 Mio. erbaut wurde, stellt umgekippte Schiffe dar und lässt sich wohl kaum ignorieren. Miralles starb vor seiner Fertigstellung. Der Besuch der öffentlichen Bereiche wie Laden und Café ist kostenlos, aber zu den Führungen, die an den meisten Tagen stattfinden, wird Eintritt erhoben. Stoff zum Nachdenken finden Sie in den Aussprüchen und Zitaten an den Außenwänden.

when we had a king
and a chancellor,
and parliament-men
o'our ain, we could
aye peeble them
wi'stanes when
they werena
gude bairns -
But naebody's
nails can reach
the length o'
Lunnon.

Walter Scott

Scottish Parliament

Holyrood Park

Salisbury Crags and Arthur's Seat

Bei einem Spaziergang hinauf zu den Salisbury Crags, vorbei am *Lion of Scotland* des Bildhauers Ronald Rae, ist es angesichts der zerklüfteten schottischen Landschaft, der Hügel, Seen und Moore kaum fassbar, dass man sich inmitten einer europäischen Großstadt befindet.

Holyrood Park

Der Park erstreckt sich über 2,6 Quadratkilometer einer vom Arthur's Seat gekrönten Landschaft. Der 254 m hohe, erloschene Vulkan hat die Form eines geduckten Löwen. Das Gebiet wurde vor 340 Millionen Jahren durch Vulkantätigkeit geformt und ist seit 10.000 Jahren besiedelt. Es gibt hier vier Hügelburgen, sieben heilige Quellen und die Überreste urgeschichtlicher Hüttenkreise.

Salisbury Crags

Der Weg, der zu den Salisbury Crags hinaufführt, wird als die „Radical Road" bezeichnet, denn sie wurde 1820 von einer Gruppe arbeitsloser Weber angelegt, die angeblich recht radikale Ideen vertraten. Von den felsigen Höhen der Crags schweift der Blick bis nach Midlothian und den Borders im Süden, zum Firth of Forth im Westen, Fife im Norden und zur Nordsee im Osten.

Der „Lion of Scotland" von Ronald Rae

St Giles' Cathedral

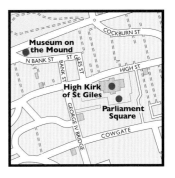

Bei der Kirche handelt es sich um die High Kirk of St. Giles, die oft als Kathedrale bezeichnet wird. Die Gebäude, Statuen und Denkmäler sind bei den Touristen sehr beliebt und oft sieht man auch Anwälte, die über den Parliament Square zu den Gerichtshöfen eilen.

St. Giles' Cathedral, die Hochkirche von Edinburgh

St. Giles' ist zum Großteil dem 15. Jh. zuzuschreiben, doch sie steht an einer Stelle, wo es schon seit dem Jahr 854, wenn nicht schon früher, ein Gotteshaus gab. Die Denk-mäler berühmter Schotten im Innern der Kirche sind u.a. Robert Louis Stevenson, dem Marquess of Montrose und seinem Erzfeind, dem 8. Duke of Argyll gewidmet. Besonders sehenswert ist die wunderschöne Thistle Chapel mit ihren prächtigen Steinmetzarbeiten.

Money, money, money!

Das 2007 eröffnete Mu-seum on the Mound ist der Geschichte des Bankwesens gewidmet. Hier kann man sehen, wie eine Million Pfund tatsächlich aussieht und versuchen, einen Safe zu knacken.

Parliament Square

Parliament Square

Dieser Platz war ehemals der Friedhof, wo John Knox, der eifrige Reformator, begraben ist, wobei jedoch niemand die genaue Stelle kennt. Das Reiterbild stellt Karl II. dar. Parliament House, das bis 1707 der Sitz des schottischen Parlaments war, beherbergt jetzt das Oberste Zivilgericht. Die Halle hat eine imposante Stichbalkendecke und ein riesiges Buntglasfenster.

Glücksherz

Auf das Heart of Midlothian, das vor der High Kirk of St. Giles in Form eines Herzens in den Steinboden eingelassen ist, darf man nicht treten. Eigenartig ist aber, dass die Schotten auf dieses Glücksherz spucken.

Die Edinburgher Festspiele

Das Edinburgh International Festival wurde 1947 gegründet. Bald kamen noch wei-tere Festspiele hinzu, so vor allem das auf avantgardistisches Theater und Comedy ausgerichtete Fringe, das Edinburgh International Book Festival, das Edinburgh Jazz and Blues Festival und das Edinburgh International Film Festival. Heute umfassen die Festspiele Oper, Ballett, Musik und Theater und das Military Tattoo – einen Dudelsackaufmarsch vor dem Edinburgh Castle – sowie eigene Festivals für Literatur, Jazz und Blues, Filme und Fernsehen.

The Hub, Kartenbüro der Festspiele

Straßenkünstler

The Fringe

Zu Beginn der Edinburgher Festspiele kamen etliche Theatergruppen uneinge-laden dazu und suchten sich einen eigenen Schauplatz. Eine Zeitung berichtete über die ausgezeichneten Vorstellungen, die „around the fringes" (am Rand des offiziellen Festivals) gege-ben wurden – und so war The Fringe geboren. Heute bezau-bern oder verwirren alljährlich an die 17 000 Darsteller ihr Publikum an etwa 260 Schauplätzen der Stadt. The Fringe ist der größte Kunstevent der Welt, der allen Darstellern offen steht, die aus eigenen Stücken nach Edinburgh kommen. Aufgeführt werden Theater,

Komiker, The Fringe

Comedy, Musik, Kindertheater, Tanz, Ausstellungen und vieles mehr. Und wenn Sie keine Karten ergattern, dann können Sie zumindest den vielen Straßenkünstlern zusehen.

Edinburgh Military Tattoo

Weitere Veranstaltungen

Zum Festival gehören auch Veranstaltungen zu anderen Jahreszeiten wie die viertägigen Hogmanay-Feiern zu Neujahr, ein Wissenschafts-Festival im April, ein Kindertheater-Festival im Mai und die faszinierende Mela (ein multikulturelles Kunstfest) im September.

Edinburgh Military Tattoo

Seit seinen Anfängen im Jahr 1950 haben über 12 Millionen Menschen dieser sensationellen Veranstaltung beigewohnt. Sie beginnt bei Einbruch der Dunkelheit, wenn Scheinwerfer das riesige Eichentor erhellen, durch das plötzlich zum Klang von Dudelsack und Trommeln die Militärkapellen über die Zugbrücke marschieren. Musik, Tanz und sensationelle Vorführungen spielen sich vor den Augen der Zuschauer ab, bis schließlich ein einsamer Dudelsackpfeifer, der sich hoch auf den Zinnen vom Nachthimmel abhebt, mit einem betörenden Klagelied den Abschluss bildet.

Princes Street

Von dieser langen Prachtstraße bietet sich einer der berühmtesten Ausblicke der Welt. Die Läden säumen nur eine Straßenseite, so dass der Blick über die Gartenanlagen unbehindert zur Old Town hinüber schweift, deren Türme und historischen Bauten von der mächtigen Granitburg, dem Edinburgh Castle, überragt werden.

Scott Monument

Waverley Station ist nach dem berühmten, 1814 veröffentlichten Roman *Waverley* von Sir Walter Scott benannt. Unweit vom Bahnhof finden Sie dann den großen Dichter selbst, in Form eines 61m hohen Marmordenkmals, das angeblich das größte Denkmal dieser Art für einen Schriftsteller sein soll. In der Mitte steht Scott mit seinem Jagdhund Maida, umgeben von Statuen seiner Romanfiguren.

Scott Monument

Jenners

Jenners

Jenners war einmal das älteste unabhängige Kaufhaus der Welt, das jetzt einer Unternehmenskette angehört Die weiblichen Figuren an der Fassade des ehemals ältesten unabhängigen Kaufhauses sind ein Tribut a alle Frauen, die zum Erfolg des Kaufhauses durch ihre Einkäufe beigetragen haben.

Princes Street Gardens

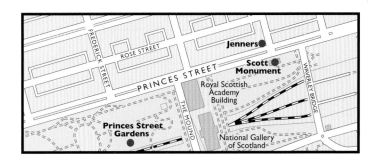

Es ist kaum zu glauben, dass diese Gärten ehemals ein stinkender Morast, Nor'Loch genannt, waren, der 1460 zur Verteidigung der Old Town hier angelegt wurde und allen als Müllablage diente. Mit dem Bau der New Town wurde der Sumpf dann aber trockengelegt, aufgefüllt und 1818 in Privatgärten verwandelt, die 60 Jahre später der Öffentlichkeit zugänglich gemacht wurden. Überall im Garten sind Denkmäler verstreut, die Persönlichkeiten wie dem Forscher David Livingstone, dem Verleger Adam Black, dem Dichter Allan Ramsay und dem Regiment der Royal Scots Greys gewidmet sind. Man hört zwar die Züge, die vom und zum Waverley Bahnhof verkehren, aber sehen kann man sie nicht, denn die Gleise sind vertieft angelegt.

Stadtplanung

In der Royal Bank of Scotland am St. Andrew Square markiert eine Tafel den Beginn des ambitionierten Projekts des jungen Architek-ten James Craig zu Edinburghs New Town. Die Bezeichnung „New Town" ist relativ, denn die Arbeiten begannen 1767, als Craig einen Wettbewerb für den Bau einer neuen „Stadthälfte" gewann, da die Altstadt so übervölkert war. Craigs Projekt wurde schließ-lich von anderen Baumeistern, wie den Brüdern Adam fertiggestellt, und die New Town hat jetzt Europas größte Ansammlung georgianischer Bauwerke der Welt.

Skyline der Old Town

Charlotte Square

Eine Karte der New Town zeigt ein geordnetes Straßen-
netz mit zwei imposanten Plätzen, dem St. Andrew
Square und dem Charlotte Square. Die George Street
bildet das Rückgrat, während Princes Street und Queen
Street James Craigs ursprüngliches Projekt begrenzen.

George Street

Nehmen Sie sich Zeit zum Erforschen der Rose Street und der
übrigen Straßen, die parallel zur George Street verlaufen; sie sind
voll interessanter Läden und historischer „howffs" (Tavernen),
wie z.B. die Milnes Bar in der Rose Street. Die Kirche St. Andrew
and St. George in der George Street hat eine ovale Form (damit
der Teufel nicht in den Ecken lauern kann). An den Kreuzungen
erwarten Sie oft großartige Denkmäler und unerwartete
Ausblicke auf Edinburgh Castle und den Firth of Forth.

Albert Memorial, Charlotte Square

Charlotte Square

Hier ist der letzte Abschnitt
von James Craigs Bauprojekt,
der schließlich 1791 von
Robert Adam geplant wurde.
Den Platz beherrscht
West Register House mit
historischen Landkarten und
Plänen. Palastartige Gebäude
säumen die Rasenflächen
des Parks, mit dem riesigen
Albert Memorial in der
Mitte. Angeblich war die
Königin von diesem Denkmal
ihres Gatten so begeistert,
dass sie den Bildhauer
John Steell sofort in den
Ritterstand erhob.

The Georgian House

The Georgian House

Der National Trust for Scotland hat das Haus Nr. 7 ganz im
Stil des 18. Jh. restauriert. Gegenüber, in Nr. 28, sind ein
Café und eine kleine Kunstgalerie untergebracht.

Moray Place und Royal Circus

Ein Spaziergang durch die ruhigen, breiten, von Grünflächen unterbrochenen Straßen der New Town ist ein Genuss. Bei den recht teuren Gebäuden handelt es sich zum Großteil um Wohnhäuser, doch gibt es jetzt auch immer mehr Läden, Bars und Restaurants. Nach dem Spaziergang durch die Straßen empfiehlt sich ein Besuch der bemerkenswerten Stockbridge Colonies und des Royal Botanic Garden (s. Seite 26).

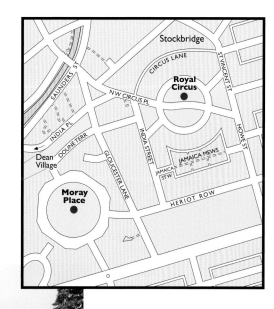

Moray Place

Das herrliche, Häuserrund wurde genau wie Ainslie Place und Randolph Crescent im Südwesten vom Earl of Moray in den drei Jahrzehnten nach 1822 erbaut. Wie im Großteil der New Town sind die Straßen auch hier gepflastert. Die Gärten in der Mitte sind in Privatbesitz. Dem Earl gefiel es hier so gut, dass er gleich in das Haus Nr. 28 einzog.

Moray Place

Royal Circus

Dieses 1820 fertiggestellte, grandiose Häuserrund mit einem Garten in der Mitte stellt in architektonischer Hinsicht einen Bezug zu Great King Street und Drummond Place her. Das Haus Nr. 17 in der Heriot Row war das Wohnhaus von Robert Louis Stevenson. Das International Centre for Mathematical Studies in der

India Street Nr. 14 war ehemals die Wohnung von James Clerk Maxwell, dem „Vater der modernen Wissenschaft". In der nur ein paar Schritte entfernten Jamaica Street West finden Sie Kay's Bar, ein winziges Pub, das in dem letz-ten in dieser Straße noch aus dem frühen 19. Jh. verbliebenen Cottage untergebracht ist.

Sanft getragen

An der Ecke von Great King Street war es noch bis 1870 möglich, eine Sänfte zu mieten.

Queen Street und St. Andrew Square

Auf dem Weg hinauf zur Queen Street lohnt sich ein kurzer Abstecher zu den zahlreichen Kunst- und Antiquitätenläden in der Dundas Street. Die Queen Street war in James Craigs ursprünglichen Plänen für die New Town als Grenze gedacht.

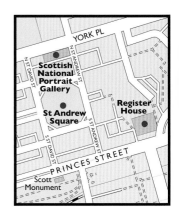

Sean Connery, National Portrait Gallery

Scottish National Portrait Gallery

Dieses reich verzierte Bauwerk werden Sie sicher nicht übersehen, denn die mit prächtigen Figuren ge-schmückte rote Sandsteinfront steht in totalem Gegensatz zu den umliegenden, eher nüchtern wirkenden Gebäu-den aus georgianischer Zeit. William Holes bemerkens-werter Fries im Innern der Gallery verläuft unter Darstel-lungen berühmter Schlachten. Die Ausstellungen im Erdgeschoss ändern sich laufend, während die Galerien im Oberstock die Geschichte Schottlands aus der Perspektive des schottischen Volkes vor Augen führen.

Register House

Die heutige Zentrale der National Archives of Scotland hatte als erstes Gebäude in Schottland ein Kuppeldach und ist eines der schönsten Bauwerke von Robert Adams.

St Andrew Square

St. Andrew Square

Den Platz säumen Finanzhäuser und ein elegantes neues Einkaufszentrum. Die herrliche sternenübersäte Kuppel in der Royal Bank of Scotland lohnt einen Besuch der Bank. Die Statue auf der hohen Säule stellt Henry Dundas dar, den 1. Viscount Melville, der Premierminister William Pitts rechte Hand war.

Dean Village

Ein Teil des 20 km langen Water of Leith Walkway führt in Edinburgh durch Dean Village and dort an der Scottish Gallery of Modern Art und der Dean Gallery vorbei. Bei einem Besuch dieser Galerien in der Belford Road lohnt sich ein kurzer Abstecher entlang dem Water of Leith Walkway zu Dean Village, das in einer tiefen Schlucht gelegen ist, wo der Fluss ehemals 11 Mühlen antrieb.

Scottish National Gallery of Modern Art

Scottish National Gallery of Modern Art

Die weitläufigen Ausstellungsflächen für die hervorragenden Sammlungen moderner Kunst sind nicht nur im Museum, sondern auch im Freien zu finden. So z.B. die großformatigen Werke von Henry Moore, Rachael Whiteread, Barbara Hepworth und Ian Hamilton Finlay und insbesondere Charles Jencks dramatische

Charles Jencks' „Landform Ueda"

Landform Ueda auf der Grünfläche vor der Gallery. Im Innern der Gallery finden Sie Matisse, Picasso, Bacon, Hockney, Warhol und Lucien Freud, aber auch neuere Werke von Antony Gormley, Damien Hirst, Tracey Emin und Gilbert and George.

Dean Gallery

Die Sammlung der Dean Gallery hat Weltformat und auch die Dauerausstellung mit Werken des international bekannten Edinburgher Bildhauers Eduardo Paolozzi, dessen charakteristische postmoderne Skulpturen auch an vielen Stellen der Stadt zu sehen sind, ist wirklich einen Besuch wert.

Dean Cemetery

Dieser Friedhof auf dem Gelände von Dean House enthält einige wunderschöne Grabmäler, denn viele prominente Bürger Edinburghs sind hier beigesetzt.

Stockbridge

Sie erreichen Stockbridge in nur 10 Minuten vom Stadtzentrum aus. Dieses sonnige „Village" voll origineller Läden und Menschen ist immer mehr „in", hat aber seinen ganz eigenen Charakter bewahrt.

St. Stephen Street

In den diversen Läden für Bekleidung und Haushaltsartikel, findet man oft genau das Richtige. Vom alten Fleisch-, Fisch- und Obstmarkt ist nur noch der Eingang erhalten.

Symbole der Tischlerei

Stockbridge Colonies

Die Häuschen in diesen 11 parallel verlaufenden Sackgassen wurden in den Jahren nach 1861 von der Edinburgh Co-operative Building Company als preiswerte Unterkünfte für Handwerker erbaut. Die geschnitzten Tafeln auf den Giebeln der Häuser stellen die verschiedenen Handwerkskünste dar.

Royal Botanic Garden

In den herrlichen Botanischen Garten gelangen Sie von Inverleith Row oder Arboretum Place aus. Der Garten ist zu jeder Jahreszeit wunderschön. Im Frühling bezaubern Rhododendron und Azaleen, im Sommer Blumenrabatten und blühende Bäume und im Herbst die prächtige Färbung der Blätter. Von Kennern wird ganz besonders die reichhaltige Alpiniensammlung geschätzt und die riesigen Glashäuser sind bei allen beliebt.

Stockbridge Colonies

Trübe Wasser

Auf den ersten Blick schein The Water of Leith ein rec ruhiges Flüsschen zu sein, die Menschen an seinen U wissen aus eigener Erfahru dass er im Winter oft stark schwillt und Häuser und G unter Wasser setzen kann.

Royal Botanic Garden

Calton Hill

Diese surreale Sammlung von Monumenten ist der Grund, dass Edinburgh auch als „Athen des Nordens" bezeichnet wird. Das halbfertige „Parthenon" im griechischen Stil ist William Playfairs „National Monument", das 1824 begonnen wurde, dann aber unvollendet blieb. Der anstrengende Aufstieg wird nicht nur von den außerge-wöhnlichen Monumenten belohnt, sondern auch von dem herrlichen Rundblick über die Stadt.

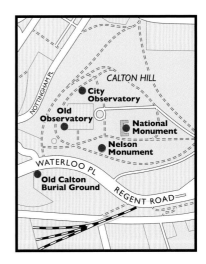

Old Calton Burial Ground

Bevor Sie den Hügel erklimmen, ist es wert, dass Sie sich diese wesentlich kleineren Monumente und Grabmäler ansehen. Dazu gehört auch ein Mausoleum im römischen Stil, das Robert Adam für den Philosophen David Hume entwarf, dessen Freunde hier nach Humes Begräbnis im Jahr 1776 acht Nächte lang Wache hielten, damit der Teufel seine gottlose Seele nicht holen konnte.

Die Monumente

Das große teleskopartige Gebäude ist der 32 m hohe Turm, der dem Andenken des in der Schlacht von Trafalgar 1805 gefallenen Lord Nelson gewidmet ist. Zu den übrigen, zum Großteil von William Playfair entworfenen Monumenten, zählt ein rundes, dem Philosophen Dugald Stewart gewidmetes Denkmal, sowie das City Observatory neben dem Old Observatory.

Nelson Monument

Die lange Wacht

Das jüngste Denkmal ist ein Steinhügel mit einem korbförmigen Rost, mit dem all derer gedacht wird, die in Befürwortung eines schottischen Parlaments vom 10. April 1992 bis zum 11. September 1997 hier 1 980 Tage lang Wache hielten.

Calton Hill

Rund um Edinburgh

Obwohl Edinburgh genug zu bieten hat, gibt es in einem Umkreis von einigen Kilometern noch viel mehr Sehenswertes. Hier ist nur eine kleine Auswahl.

Edinburgher Zoo

Artenerhaltung und Umweltschutz werden hier groß geschrieben. Mit über 1 000 seltenen und schönen Tieren auf 33 Hektar Parkland gibt es für Kinder und Erwachsene viel zu sehen.

Queensferry

700 Jahre lang transportierte eine Fähre die Menschen zwischen North und South Queensferry über den Firth of Forth. 1890 wurde die Forth Railway Bridge eröffnet. Sie war damals die größte Brücke der Welt und galt als techni-sches Wunderwerk. Die Forth Road Bridge wurde 1964 für den Straßenverkehr geöffnet.

Cramond

In diesem recht exklusiven kleinen Ort am Meer nordwestlich von Edinburgh wohnte ehemals Gordon Lowther, Miss Jean Brodies Liebhaber, in Muriel Sparks unbeschwertem Roman „Die Lehrerin". In der Umgebung von Cramond gibt es viele hübsche Wanderwege. 1997 fand der Fährmann Rob Graham im Almond-Fluss die römische Skulptur einer menschenfressenden Löwin, die jetzt im National Museum

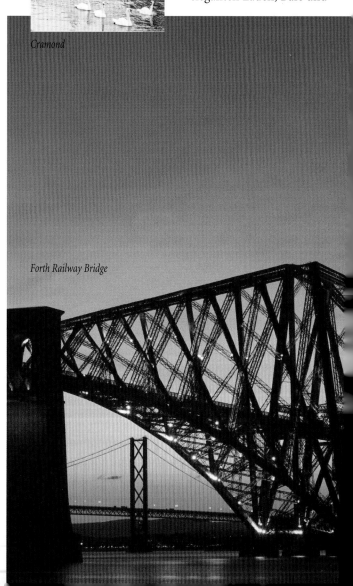

Cramond

Forth Railway Bridge

of Scotland in der Chambers Street zu sehen ist.

Leith

Edinburghs alter Hafen ist vom Stadtzentrum nur eine kurze Busfahrt entfernt. Hier liegt die ehemalige königliche Jacht „*Britannia*" vor Anker, die Sie besichtigen können. Das Hafenviertel mit seinen eleganten Läden, Bars und

Die königliche Jacht „Britannia"

Restaurants ist heute ein beliebter Treffpunkt.

Craigmillar Castle

Das nur 5 km vom Stadtzentrum entfernte Craigmillar Castle ist eines der am besten erhaltenen mittelalterlichen Schlösser des Landes, wo Maria Stuart viel Zeit verbrachte.

Mit ziemlicher Gewissheit war das Schloss auch der Ort, wo die Verschwörer den Mord an ihrem Gemahl, Lord Darnley, planten.

Rosslyn Chapel, Roslin

Alle, die Bücher über religiöse „Verschwörungstheorien" gelesen haben, wissen über diese Kapelle Bescheid, denn die prächtigen Steinmetzarbeiten führten zu allen möglichen Mutmaßungen über versteckte Geheimnisse. Erbaut wurde die Kapelle 1446 in dem 9,5 km südlich von Edinburgh gelegenen Dorf Roslin von William St. Clair, Prinz von Orkney. Der Kopf seines Bildnisses in der Kapelle ist von Sternen und Muscheln umgeben. Der Sage nach soll der „Apprentice Pillar" von einem Lehrling heimlich angefertigt worden sein, während sein Meister abwesend war. Als der Meister zurückkam und die Säule sah, wurde er ob ihrer Schönheit von Eifersucht erfasst

Rosslyn Chapel

und er erschlug den Lehrling. Dargestellt wird diese traurige Geschichte durch einen in Stein gemeißelten Kopf mit einer riesigen Wunde.

Informationen

Komplette aktuelle Informationen zu Rundgängen, Ausflügen usw. finden Sie im Tourist Information Centre.

Besichtigungstouren und Ausflüge

Informationen zu den Besichtigungstouren finden Sie im Tourist Information Centre oder unter www.edinburgh.org.

Zu den zahlreichen, ganz spezifischen Rundgängen zählen: City of the Dead, Cadies and Witchery Tour, Auld Reekie Tours, Mercat Tours, Rebus Tours, Geowalks, Leith Walks, Edinburgh Literary Pub Tour.

Zu den Stadtrundfahrten im offenen Bus, die von der Waverley Bridge abfahren, kann beliebig zugestiegen werden. Fahrkarten können Sie an der Kasse bei der Brücke oder im Bus kaufen.

Die Radrundfahrten in Old und New Town dauern ca. 3 Stunden.

Shuttlebus zu den Kunstgalerien

Besichtigungsbus

Museen, Galerien und historische Stätten

Camera Obscura 0131 226 3709, www.camera-obscura.co.uk;
Dean Gallery 0131 624 6200, www.nationalgalleries.org;
Dynamic Earth 0131 550 7800, www.dynamicearth.co.uk;
Edinburgh Castle 0131 225 9846, www.edinburghcastle.gov.uk;
The Georgian House 0844 493 2160, www.nts.org.uk;
Gladstone's Land 0131 226 5856, www.nts.org.uk;
Museum of Childhood www.edinburghmuseums.org.uk;
Museum of Edinburgh www.edinburghmuseums.org.uk;
Museum on the Mound 0131 243 5464, www.museumonthemound.com;
National Gallery of Scotland 0131 624 6200, www.nationalgalleries.org;
National Library of Scotland 0131 623 3700, www.nls.uk;
National Museum of Scotland 0300 123 6789, www.nms.ac.uk;
National War Museum of Scotland 0300 123 6789, www.nms.ac.uk/national-war-museum;
The Palace of Holyroodhouse 0303 123 7306, www.royalcollection.org.uk;
The People's Story www.edinburghmuseums.org.uk;
The Queen's Gallery www.royalcollection.org.ukw;
Royal Botanic Garden 0131 248 2909, www.rbge.org.uk;
Royal Scottish Academy 0131 225 6671, www.royalscottishacademy.org;
Scottish National Gallery of Modern Art 0131 624 6200, www.nationalgalleries.org;
Scottish National Portrait Gallery,0131 624 6200, www.nationalgalleries.org;
Scottish Parliament 0131 348 5000, www.parliament.scot;
The Scottish Storytelling Centre and John Knox House 0131 556 9579, www.tracscotland.org;
The Scotch Whisky Experience 0131 220 0441, www.scotchwhiskyexperience.co.uk;
The Writers' Museum www.edinburghmuseums.org.uk

Ortsangaben

Gladstone's Land

Visit Scotland iCentre 🛈
Ocean Point One
94 Ocean Drive
Edinburgh EH6 6JH
tel: 0131 472 2222
http://edinburgh.org

Shopmobility ♿
Behinderte Menschen können
elektrische Rollstühle und
Scooter mieten.
Waterloo Place
Für Reservierungen,
Tel: 0131 557 4123

'host Fest im Mai

Titeleinband: Edinburgh Castle
Rückeinband: Schottischer Tanz

Danksagungen

Fotografie: Neil Jinkerson © Pitkin
Publishing. Zusätzliches Bildmaterial
mit freundlicher Genehmigung
von: Alamy: Titeleinband
(KCphotography), 23Ml (Ange),
19l, 27u (Robert Harding Picture
Library), 26Mr (Stock Images), 28/29
(BL Images Ltd), 29o (Colin Palmer
Photography), 29Mr (Stuart Walker),
30o (Bernie Pearson); Bridgeman
Art Library: 4o (National Gallery of
Scotland), 14Ml (Victoria & Albert
Museum, London); Epic Scotland: TE
(Ashley Coombes); National Museum
of Scotland: 11Ml; National Trust
for Scotland: 22ul; Nicko and Joe's
Bad Film Club: 19o; Our Dynamic
Earth Enterprises Ltd: 13ur; Scottish
National Portrait Gallery: 24ol.

Der Verlag dankt Linda Galt von
Visit Scotland für ihre Hilfe bei der
Ausarbeitung dieses Stadtführers.

Autorin: Annie Bullen; die Autorin
hat ihre Urheberrechte geltend
gemacht.
Redaktion: Angela Royston.
Design: Simon Borrough.
Zusätzliche Bildrecherchen: Jan Kean.
Übersetzung: Ingrid Price-Gschlössl
für First Edition Translations Ltd,
Cambridge, GB
Karten: The Map Studio Ltd, Romsey,
Hants, GB. Kartographie © George
Philip Ltd.

Sämtliche Informationen sind zum
Zeitpunkt der Drucklegung korrekt,
können sich aber ändern.

Druck in Türkei.
ISBN 978-1-84165-229-0   6/18

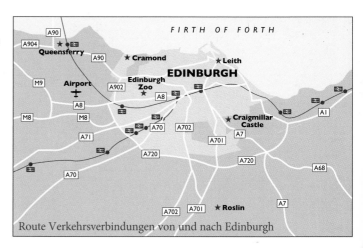

Route Verkehrsverbindungen von und nach Edinburgh

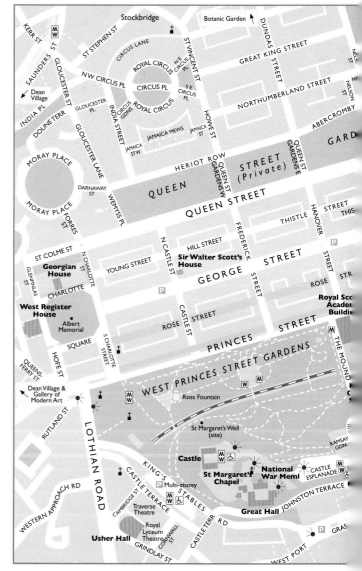